AF253613

VOYAGES

ET DÉCOUVERTES

DANS LE NORD ET DANS LES PARTIES CENTRALES

DE L'AFRIQUE,

AU TRAVERS DU GRAND DÉSERT, JUSQU'AU 10ᵉ DÉGRÉ DE LATITUDE NORD,

ET DEPUIS KOUKA DANS LE BORNOU, JUSQU'A SACKATOU, CAPITALE DE L'EMPIRE DES FELATAH.

Par le Major Denham,

Le Capitaine Clapperton, et feu le Docteur Oudney.

SUIVIS D'UN APPENDIX

Contenant les Vocabulaires des langues de Timbouctou, du Mandara, du Bornou et du Begharmi;

Des Traductions de Manuscrits arabes sur la Géographie de l'intérieur de l'Afrique;

Des Documens nombreux sur la minéralogie, la botanique, et les différentes branches d'histoire naturelle de cette contrée.

TRADUIT DE L'ANGLAIS

PAR MM. EYRIÈS ET DE LARENAUDIÈRE,

MEMBRES DE LA COMMISSION CENTRALE DE LA SOCIÉTÉ DE GÉOGRAPHIE, etc.

ATLAS.

Paris,

ARTHUS BERTRAND, LIBRAIRE,

ÉDITEUR DU VOYAGE AUTOUR DU MONDE PAR LE CAPITAINE DUPERREY,

RUE HAUTEFEUILLE, Nº 23.

MONGIE AINÉ, BOULEVARD DES ITALIENS.

1826

Paris, Imprimerie de Decourchant,
Rue d'Erfurth, N° 1, près l'Abbaye.

EXPLICATION DES PLANCHES.

ALAMIN BEN MOHAMMED EL KANEMY.

Cheikh du Bournou.

Imp. par Brignault.   Bardel Lith.

RÉCEPTION DE LA MISSION

Par le Sultan de Bournou.

GARDE DU CORPS.

Du Sheikh de Bournou.

Imp. par Brégeaut.

gosten lith.

FEMMES DE SHOUAA.

Royaume de Bornou.

ATTAQUE DES FELLATAH PRÈS DE MUSFÊIA.

LANCIER KANEMBOU. ARCHER MUNGA.

Au service du Shéikh de Bournou.

GHIZEH.

Frises des faces de l'Ouest de l'Est et du Sud du Bâtiment N° 221.

Imp. par Bréjeaul.

CHIESA.

Face du sud du Bâtiment N.º 1.

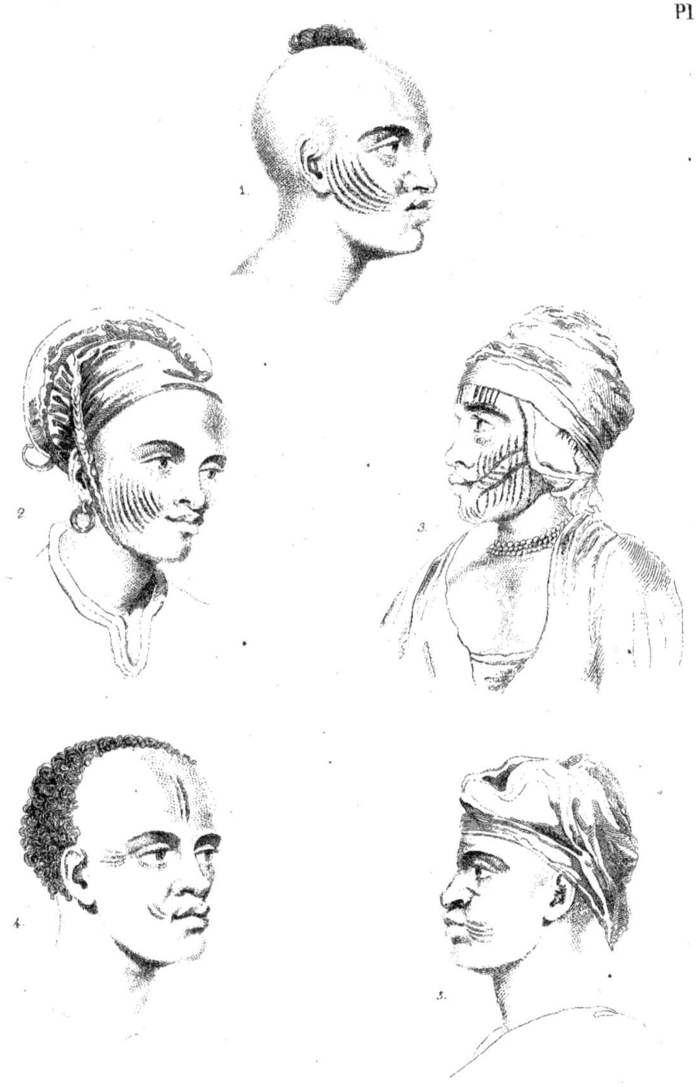

Imp. par Brégeaut. Kaeppel lith.

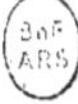

1. HOMME DE KACHENA, DANS LE SOUDAN.
2. FEMME DE DIACOBA.
3. FEMME DE NYFFI.
4. HOMME D'OUMBOUROUM AU SUD DE KÂNO.
5. HOMME DE JOUBER ET ZAMFRO.

Imp. par Frejean
Baur Lith.
FENNECUS CERDO.

Pl. 11.

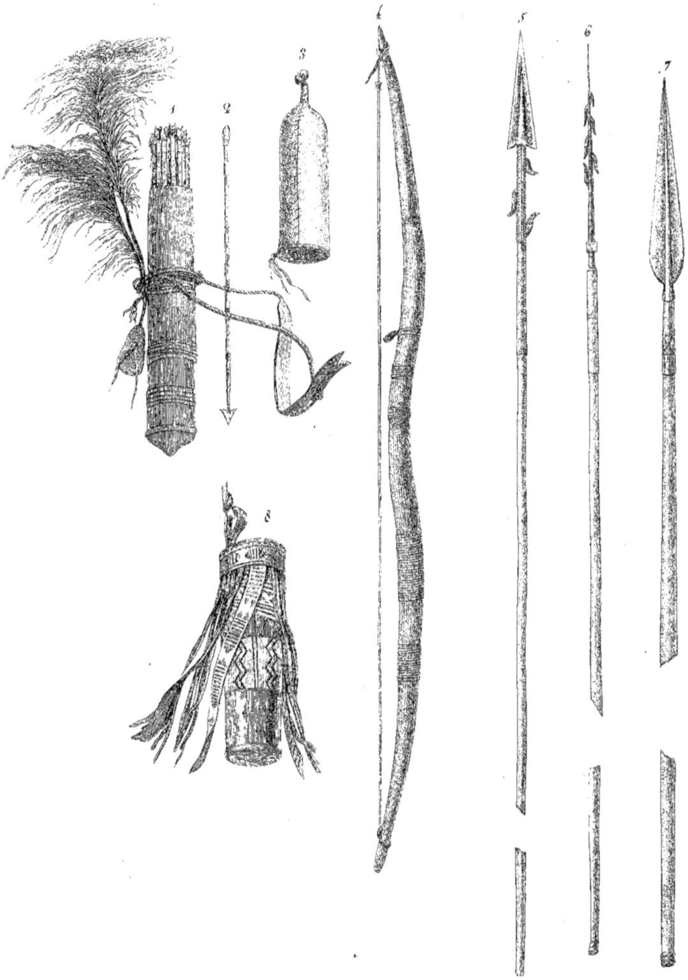

Imp. par Bregeaut.

Harinet, lith.

1. CARQUOIS DES MONGOWI. 2. FLÈCHE.

3. COUVERCLE DU CARQUOIS. 4. ARC DES MONGOWI.

5. 6 ET 7. JAVELINE DE L'AFRIQUE CENTRALE.

8. FOURREAU SUSPENDU A LA SELLE POUR RECEVOIR LA POINTE DES JAVELINES.

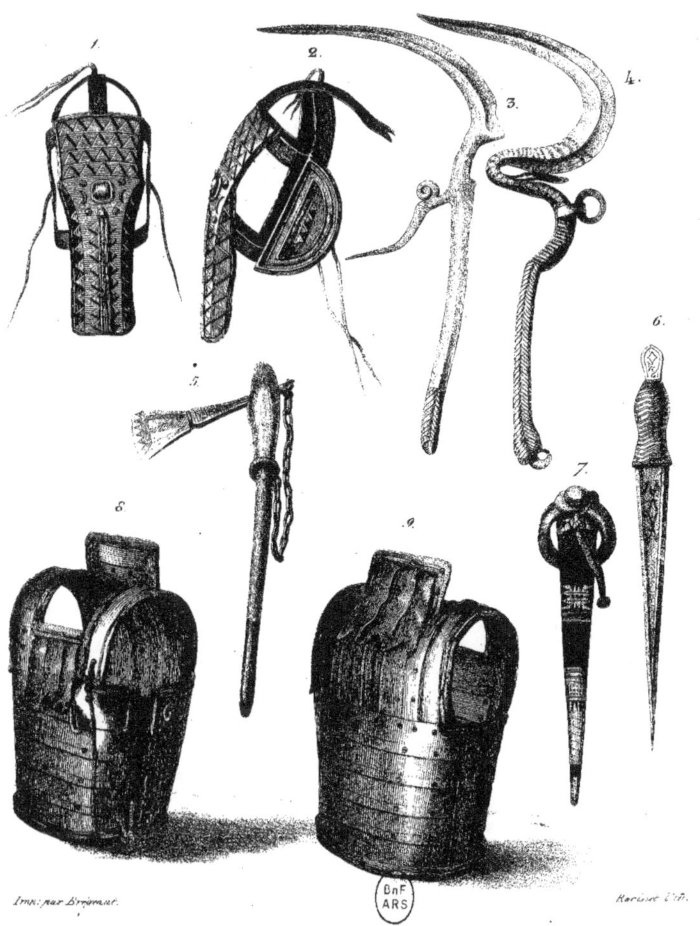

FIG. 1 et 2. CHANFREIN EMPLOYÉ PAR LA CAVALERIE DU BOURNOU.

FIG. 3 et 4. HONGA-MONGA, SORTE DE SERPE ÉTROITE QUE L'INFANTERIE
DU BOURNOU LANCE A UN ENNEMI EN RETRAITE.

FIG. 5. HACHE DE BATAILLE SUSPENDUE A L'ARÇON DE LA SELLE.

FIG. 6 et 7. POIGNARD ET SA GAÎNE PORTÉS AU BRAS GAUCHE PAR LES CHEFS.

FIG. 8 et 9. CUIRASSE DE FER PORTÉE PAR LES CHEFS DU BOURNOU.

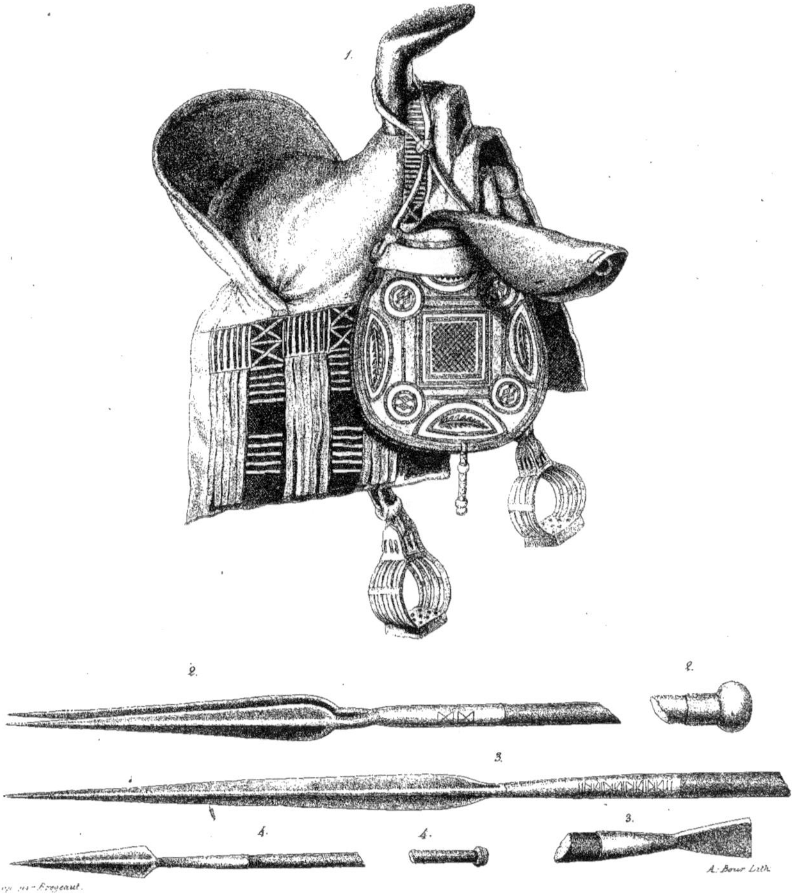

1. SELLE ET SABRETASCHE DU PRINCE DU BEGHARMI.
2. LANCE A DOUBLE POINTE DE LA CAVALERIE DU BEGHARMI.
3. LANCE DES GARDES DU CORPS DU CHEIKH DU BOURNOU.
4. JAVELINE DE L'AFRIQUE CENTRALE.

A. Bour Lith.

ARRIVÉE A MORA,
Capitale du Mandara.

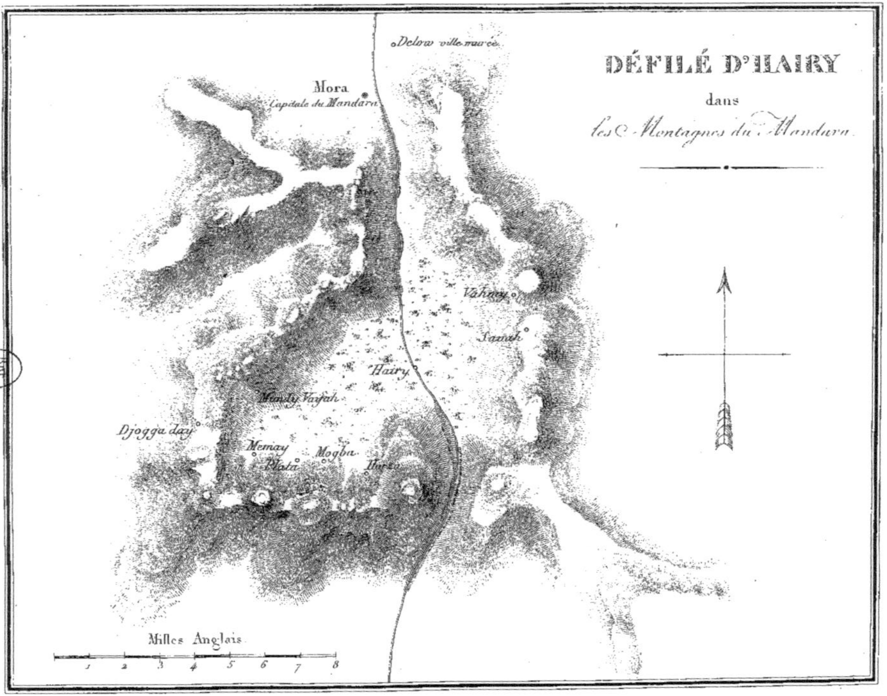

Pl. 13.
DÉFILÉ D'HAIRY
dans
les Montagnes du Mandara.
Delow ville murée
Mora
Capitale du Mandara
Vahnay
Samah
Hairy
Wandy Vasfah
Djogga day
Memay
Plata
Mogba
Hare
Milles Anglais
1 2 3 4 5 6 7 8

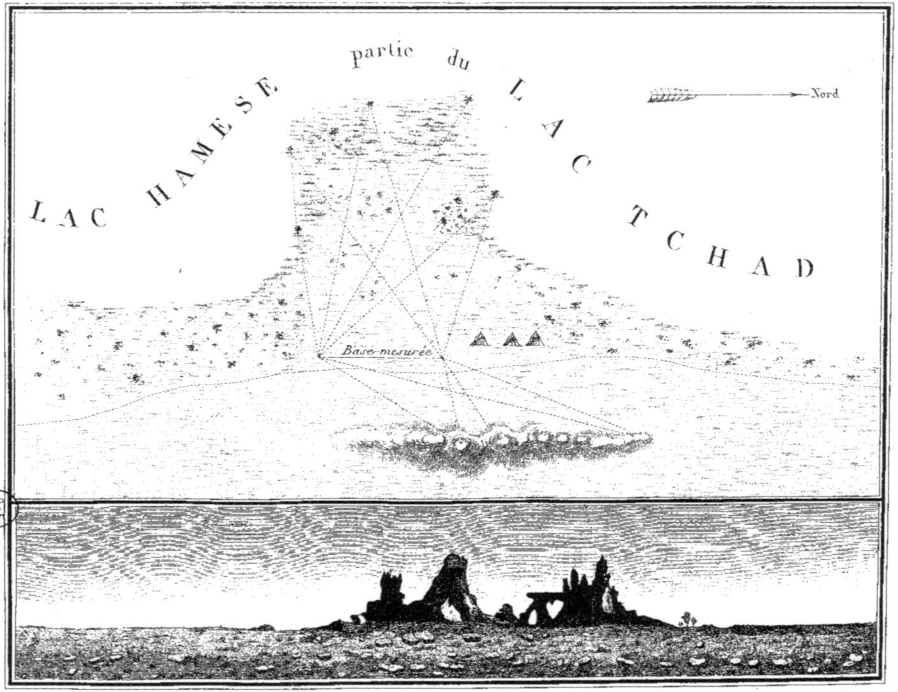

Hager Treüs appelé par les Africains du Désert Marchepied de Noé.

Longitude orientale du 16.e Méridien de Greenwich.
K A N E M
Lacs d'eau salée
Kanembous de Bornou
Kanembous
ESQUISSE
DU LAC TCHAD
Lieues de 25 au Degré.
Milles Anglais.
Zogana
Mabah
Koskoura
Talleghi
Foulie
Angalionka
Gila
Barri
Gissoum ou une Rivière à sec
Coria
Konqura
Karga
Ouaday
Ancien Rivage du Lac
Tangalia
Bololo
Iles habitées par les Biddoumahs
Larri
Mouh
Beurnaba
Tchighelarou R.
Foou
Ieou
Dogowa
Pous
Hutes et Puits
Domergou
Ibre
KOUKA
Angornou
Birneshe
Bokarum
Angala
N. Garre
Chowy
Matalai
Dogowa
Golen Goulbgha
Affadai
Foa
Route de M. Denham
Lac d'eau fraiche
Tand jân
Babbalia
B O R N O U
B E G H A R M I
Gravé par Ambroise Tardieu.

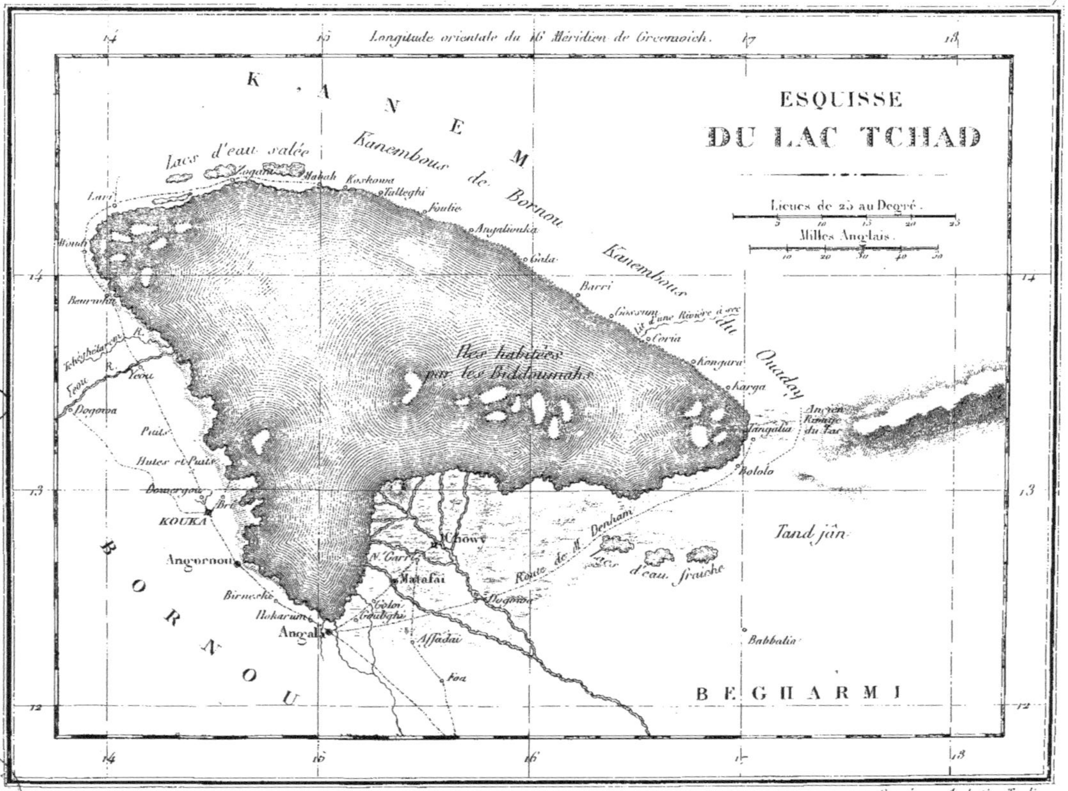

RÉDUCTION DE LA CARTE DE L'AFRIQUE CENTRALE
DU SULTAN BELLO.

Les parties exprimées en points sont en rouge dans l'original, mais rien n'explique leur signification. — Les petits cercles indiquent les endroits habituels de halte.

Gravé par Ambroise Tardieu.

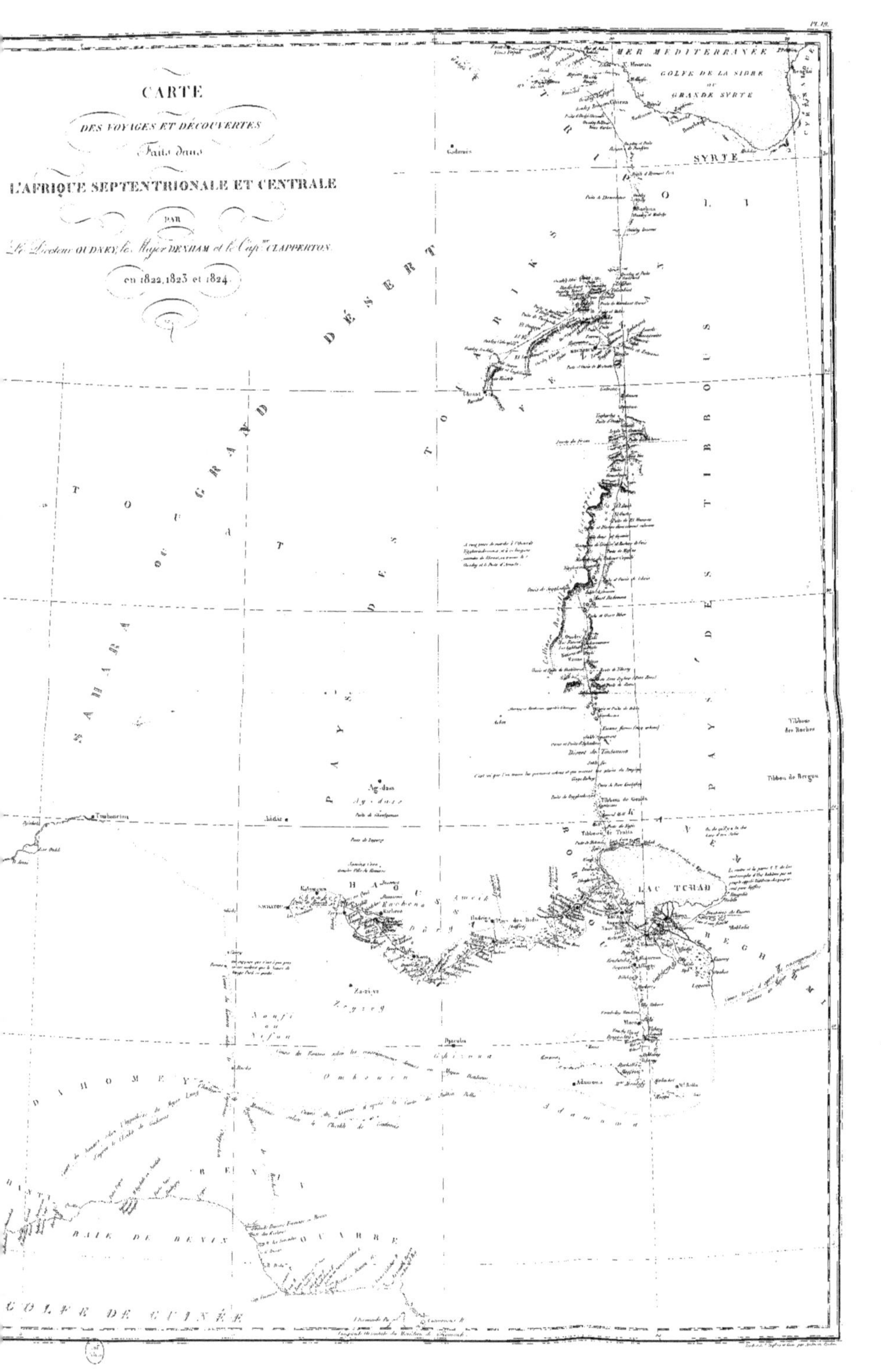

CARTE
DES VOYAGES ET DÉCOUVERTES
Faite dans
L'AFRIQUE SEPTENTRIONALE ET CENTRALE
PAR
Le Docteur OUDNEY, le Major DENHAM et le Cap.ne CLAPPERTON,
en 1822, 1823 et 1824.
MER MÉDITERRANÉE
GOLFE DE LA SIDRE
OU
GRANDE SYRTE
SYRTE
DÉSERT
SAHARA OU GRAND DÉSERT
PAYS DES TOUAREGS
PAYS DE TIBBOUS
Tibbou des Roches
Tibbou de Brega
Tombouctou
Agadez
Ag-dez
HAOUSSA
Kachena
LAC TCHAD
BORNOU
Zegzeg
Djeroba
DAHOMEY
BENIN
OUARRE
BAIE DE BENIN
GOLFE DE GUINÉE

www.ingramcontent.com/pod-product-compliance
Lightning Source LLC
Chambersburg PA
CBHW051321060726
47596CB00004B/1419